Björn Kuhligk

# Die Sprache von Gibraltar

Gedichte

Hanser Berlin

# I    Die Sprache von Gibraltar

*Sobald ich Ihnen sage, ich bin auf der Flucht, sobald habe ich mein ganzes*
*Schicksal geschildert.*

Friedrich Schiller

*… und auf der Tagesordnung steht der Krieg um Schwimmwesten und Plätze*
*in den Rettungsbooten, von denen niemand weiß, wo sie noch landen können,*
*außer an kannibalischen Küsten.*

Heiner Müller

## Prolog des Affen

Churchill hat uns nachgeholt
wir sind legal, Großbritanniens Garantie
meine Herkunft: von der anderen
Seite, ich bin für keinen Feind
eroberbar, ich bin der Weltschmerz
auf dem Fels, ich bin, woraus ihr
kommt, ich laufe über eure Autos
ich bin der Spott, der Hohn, und hocke
auf dem Fels, ich sehe die Schmuggler
Flugzeuge starten und landen, das Geld
das sich allein bewegt, ich bin euch
Zumutung, das Wrack, das ihr streichelt
ich sitze auf dem Fels und seh Besitz
und hör die Kontinente driften

# 1

Am Tag, an dem die ersten Blütenblätter
der Lilien auf den Wohnzimmertisch fallen
an einem Montag der Unruhe
fliege ich an die Grenze Europas
mit 520 km/h in 4000 Meter Höhe
überquere ich um siebzehn Uhr fünfzehn
in einem nicht fassbaren Zustand
mit einer Erkältung, die eine Angst ist
den 36. Breitengrad, die Sonne ballert

das Ende Europas, Europas Ende
die Möwen mit ihren Möwenhirnen
die Affen mit ihren Affenhirnen
wissen nichts davon, wir sind die Minderheit
die Lebenden, das Ende Europas ist da
wo der Anfang Afrikas ist, dort draußen
auf dem Wasser, in Sichtweite

Die Geschichte meiner Abstammung
ist die Geschichte meiner Abstammung
die Geschichte meiner Hautfarbe
ist die Geschichte meiner Hautfarbe

es ist 2015, Oktober
es ist Bewegung auf den Kontinenten
die Stewardess mit den Apfelbrüsten
rammt ihre Absätze in den Flugzeugteppich
und fragt, ob süß oder salzig
ich bin bei den Satten, den Siegern
das ist mein Standpunkt

ich sehe das Meer, den Grenzübergang
hinter dem es eine Stunde früher ist
den Monte Gourougou, den Mischwald
eine spanische Fahne, groß wie ein Dach

ich gehe über das Rollfeld
ich setze die Sonnenbrille auf
ich habe den Reisepass, ich kann mir
das Essen aussuchen, das Hotel, die Uhrzeit
mare nostrum, nicht eures

Ich sehe, was ich sehe
die Segelboote im Segelboothafen
eine Ausstellung von Porträtfotografien
ein Basketballspiel mit schwarzem Block
aus dem Auffanglager, die Präsentation
neuer Wüstenjeeps, die Rennradfahrer
die Feierabendjogger auf der Strandpromenade
die komplementär beleuchteten Springbrunnen
Papa, was hast du gemacht, als die Leute
von den Zäunen geschossen wurden
ich habe etwas für meinen Körper getan

ich sehe, was ich sehe
in den Häusern das Lampenlicht
in einer Nacht der Ruhe, auf dem Balkon
oberhalb der Stadt, den Berg
der dort ist, wo die Dunkelheit
in die Dunkelheit des Himmels reicht

Heute, an einem Dienstag der Unruhe
gehe ich die Grenze am Zaun entlang
alle zwanzig Meter ein Scheinwerfer
alle zwanzig Meter eine Überwachungskamera
alle fünf Minuten ein Jeep der Guardia Civil
mittags ruft der Muezzin, durch die Maschen
sehe ich Schulkinder, die Zelte
der marokkanischen Armee, dahinter Drahtrollen
ein Zaun, ausgehobene Erde, derselbe
in seiner Farbe aufgehobene Himmel

an einem Übergang tragen Männer
Stoßstangen hinüber, Rückbänke, Plastik
Bretter, ich sehe desaströse Gebisse
Arme, an denen die Venen hervortreten
als wollten sie die Körper verlassen

Ein Golfplatz, erbaut mit Hilfe von MEDIOS DE LA UE
sein leuchtender Rasen, blendend weiße Reiher
ein weißes Golf-Mobil, drei Männer in roten Polohemden
gegenüber das Auffanglager, ein staubiger Vorplatz
die Hoffnungsbaracke, darüber fliegt eine Maschine
air nostrum, nicht eure, in fünfzig Meter Höhe
zum europäischen Festland, in keine andere Richtung

der Vulkankrater in der Danakil-Wüste, Äthiopien
ein Auge, das nach oben blickt
im Weltraum kreist der Schrott
in Halberstadt, Sachsen-Anhalt, läuft 639 Jahre lang
John Cage, und ich, in meiner Winzigkeit
höre die Musik Europas, heraus
aus einem Busch, gesungen von Gefieder
eine Funken sprühende, sprachlose Hymne

wohin warst du aufgebrochen
wo hast du geschlafen
ein Schlepperdasein ist ein Einzelhandelsdasein
denkt man es mal anders
mit sozialer Komponente
wohin warst du aufgebrochen
wo hast du geschlafen
wer hat dich gebracht

Heute, an einem Mittwoch der Unruhe
passiere ich die Linie mit dem Pass in der Hand
ich sehe, wie Schlagstöcke den Grenzverkehr regeln
ich sehe, wie eine Faust ein Gesicht trifft
ich verändere die Uhrzeit

auf der anderen Seite treiben die Minzblätter
die Epoche pocht weiter, auf den Flachdächern
trocknet Wäsche, ein Pferd, gelenkt von Kindern
zieht eine Karre voller Weintrauben, der Schrott
aus Melilla liegt in den Läden, ich stehe hier
mit über zweihundert Knochen, drei davon
waren schon ein Mal gebrochen, ich habe
zwei Währungen, ich bin der VISA-König, ich kann
mir die Uhrzeit aussuchen, den Schrott, die Trauben

Der König auf dem Geldschein, auf jeder Münze
ich sehe Mädchen auf einem Esel
ich sehe Männer sitzen und Frauen laufen
ich sehe Kühlschränke auf Mopeds
ich sehe Plastiktüten in jedem Strauch
die Hitze auf dem Dorfplatz ein flirrender Kreisel

der gerahmte König an der Wand des Cafés
eine Gruppe alter Berber sieht
mit konzentrierten Gesichtern
die Zerlegung eines Wals im Fernsehen

parallel zu einer Überlandleitung
hocken zwei Zerstörte
unter zerrupften Palmen
mit Blick auf die Dornenhecke
und schlachten sich mit der Flasche

Die in die Nächte verlängerten Gesichter
der brüllenden Soldaten, der Bettler
und Schlepper, der dreckigen Kinder
neben den Abfall fressenden Ziegen
das Gesicht des Jungen, der die Kontrolle
durchbrach, Richtung Spanien rannte
dem die Beine weggetreten wurden

ich bin angekommen in der Krise
es ist kein Zeitungsartikel, kein Diskurs
kein surrealer Film, es ist zum Riechen
zum Anfassen, zum Durchgehen
ich bin in diese Gegenwart geflogen
ich, mit der Hautfarbe eines Brötchens
das zu kurz gebacken wurde
mit einem Sonnenbrand im Nacken
mein Nacken steht selbst am Abend
in diesem sanften, heruntergebrochenen Licht
wenn die elektronische Glocke angeht
wenn der elektronische Muezzin angeht
wenn drei Mädchen auf der Strandpromenade laufen
auf ihren T-Shirts IT'S NOT OKAY
selbst mein Nacken steht
außer Frage bis zum Haaransatz

Wenn die als Schlafstörung
formierte Schuldkröte kommt
und vor dir die Rechnung ablegt
hast du nicht mehr als ein Gedicht
XXL, einen Überfluss, einen Luxusartikel
und die Sonne, eine grelle Orange
ein entzündetes Auge, geht auf
über dem Meer, das Wasser rollt an
rollt aus, schleift die Steine rund
ich habe es aufgegeben
zwischen Patrouillenbooten und Hügeln
nach Schönheit zu suchen

und die Luft, was hat die Luft
sie hat den Duft der Souks
die Kühle des Wassers
das Sägen der Zikaden
sie trägt die Reiher, die Möwen
den Helikopter, der nachts
mit hellem Auge
die Linie absucht

Heute, an einem Donnerstag der Unruhe
prallt das Meer im ersten Licht des Tages
gegen die Herzwand, die Wolken
wie ausgeflockte Milch

in den Ruinen, wie wir sie kennen
des Kapitalismus, wie er ist
zitiert ein Afrikaner Clausewitz
in französischer Übersetzung

heute, an diesem tönenden Donnerstag
sehe ich eine Ansammlung Obdachloser
in einer Ziegenherde um einen Grill stehen
schwimme ich im Hallenbad
eine Stunde hinter einer Frau her

heute, an diesem Donnerstag, an dem
ich nichts verloren haben möchte
es gibt die Grenze, die Grenze gibt es
an diesem Erschöpfungsdonnerstag
stehe ich mit pumpendem Herzen
mit zitternden Armen unter der Dusche

Mein Schlafnotstand und die Patrouille der Sterne
ich stehe mit flatternden Lidern an der Küste
und rede mit der Landung der Ideen
ich wollte die Natur beschreiben
warum sollte ich das tun

die kopflose Aphrodite in der Antikensammlung
der Staatlichen Museen zu Berlin, ein Abguss
den linken Fuß auf einer Schildkröte, draußen
die Fahne der EU, das Jahr hat zwölf Monate
die Uhr hat zwölf Stellen, die Fahne, kurz
hinter Marokko, ein herunterhängender Lappen
die Zwölftonmusik hat ein Defizit
zwölf Geschworene, zwölf Götter sind zu wenig
Sterne, seid ihr hohl, seid ihr hoch genug

Palmen und Gitter
Vogelschreie und Klimaanlagen
als Müllhaufen verkleidete Agaven
zu Quadern geschnittene Sträucher
Palme hinter Palme
Scheinwerfer neben Scheinwerfer
ich esse eure Naturlyrik-Suppe nicht
eure Naturlyrik-Suppe esse ich nicht
eure Postmoderne, denkt man es mal
gerade aus, findet diesen Zustand interessant

ein zwitschernder Baum
eine Formation Kraniche
der Wehmut der Möwen
zwei Eidechsen auf der Kühlerhaube eines Jeeps
die mageren Katzen bei den Müllsammelstellen
die Hunde an der Leine
kein einziges Pferd in Melilla
lieber Jesus, da stimmt doch was nicht

Ich sehe den Hotel-Swimmingpool
überdeckt von einer opalblauen Plane
falsche Turnschuhe, falsche Trikots von Weltmeistern
und die Alten, die sich über das Meer beugen
bei dreißig Grad Celsius Lufttemperatur
und brüllender Sonne, mit der Stirn
der mitteleuropäischen Zufriedenheitsstirn
im Schatten eines Jugendstil-Gebäudes
die alte Sonne, der alte Mond, der alte Besitz
Sterne, seid ihr hoch genug

4,3 Millionen Kubikkilometer Dunkelheit
mit einem Salzgehalt von 3,5 Prozent
und die Vögel pfeifen sich was
wo bist du eingeschlafen
wohin warst du aufgebrochen
das Wasser, das schlaflose
an die Mauern der Festung
klatschende Wasser wäscht
die Küste ohne Unterlass

Heute, an einem Freitag der Unruhe
miete ich hinter der Grenze
einen weißen, aufgeplatzten Mercedes
und seinen siebzigjährigen Fahrer
eine Frau, die Anspruch auf Schicksal hat
schiebt Stoffballen auf einem Skateboard
zu anderen Stoffballen aus China

ich fahre durch Kakteenfelder, durch Pinienwälder
auf Hügeln steht in großen Zeichen
»König«, »Allah« und »Vaterland«
die Blüten der Agaven neigen sich
schwer von der eigenen Last

ein verlassenes Lager in den Bergen
Plastik, Planen, Bretter, wohin warst du
aufgebrochen, wer hat dich gebracht
der Mann, der einen Körper in einem Koffer
über die Grenze fuhr, wo hast du
geschlafen, wer hat dich gebracht

Vor Gibraltar Frachtschiffe
die über Schlauchboote fahren
auf dem Upper Rock streichelt
ein Mann eine Affenmutter

eine Moschee, daneben der Leuchtturm
ein Kricket-Feld, in der Ferne
umhüllt von Ferne, die Linie
zwischen Allah und Rifgebirge

Jesús, der die Schnellfähre nach Afrika lenkt
Ostwind, Westwind, God Save the Queen
und Landgewinnung, im Radio
die Beatles, Let It Be

In der Ferne, umhüllt von Ferne
die Ausläufer des Rifgebirges
ich kaufe Granatäpfel am Straßenrand
lege die Hand auf die Herzseite
in der Tiefe ruhen die Kerne

Grenzüberschreitungsversuche
sind neue Grenzüberschreitungsversuche
sind neue Grenzüberschreitungsversuche

Europa von hier oben, der Fleck
der Halbkreis am Meer, der Zaun
der sich über die Hügel zieht
im Feldstecher fahren die Jeeps
der Guardia Civil mit dem Gleichmaß
klackender Metronome, die Linie verläuft
zwischen denen, die Krieg haben
und denen, die keinen haben

Vor der Mauer, auf der Lauer
wenn die allgemeine Sonne
versunken ist, wenn sie kommen
Nachtschmetterlinge mit Haken
und Leitern, erfasst von Sensoren

sie wollen morgen früh, wenn Gott will
sie wollen ein Stück vom Kuchen
sie wollen nicht die Bäckerei
sie wollen Leistungsträger werden
sie wollen musikalische Früherziehung
sie wollen Stundenhotels
sie wollen Worte wie Familienvater und Mutterwitz
sie wollen Daueraufträge
sie wollen sagen: Schostakowitsch kann eminent politisch sein
sie wollen Eiskunstlauf im Fernsehen
sie wollen alle Staffeln der deutschen Geschichte sehen und
    danach weinen
sie wollen einen Kinderglobus
sie wollen Wunschkonzerte
sie wollen Klebstoff schnüffeln
sie wollen Homöopathie
sie wollen von Glück verzerrte Gesichter
sie wollen sich in der Sonnenbrille der Tagesmutter spiegeln

Was ist der Mensch? Halb Bier
halb Mängelexemplar, ein geselliger
Zweibeiner, im Futteral, im Widerspruch
ein Abgrund, ein Jammer, der Menschheit
ganzer Jammer fasst mich an

es flüstert die Grenze im Traume noch fort
ich sage meine Ohnmacht in das Telefon
und sie, die mich hört, hüllt mich ein
mit dem Trost ihrer Stimme, und kann sie
die nicht kann, nicht küssen meinen dunklen Leib
was mach ich hier in diesem Doppelbett
mit müder, nackter Brust
die mich zu ihrer treibt

Ich gehe an diesen Ort, den ich
Strandpromenade nenne, nach wie
vor zu dieser Zeit, die ich
Oktober nenne, nach wie
vor in dieser Dunkelheit
die ich und die anderen
Dunkelheit nennen, unterm
Strich ist das nichts, im Grunde
genommen ist es viel, der Himmel
nicht blau, das Wasser nicht
blau, das Auffanglager erwacht
wenn der Park erwacht, wenn
die Fontäne angeht, ich werde
keine Souvenirs mitbringen

Heute, an einem Samstag der Unruhe
denke ich während des kontinentalen Frühstücks
nachdem ich in einem Bademantel trocknete
dass abgeschliffene Fingerkuppen
eine Autorität darstellen

in der Stunde zwischen Zikade
und Helikopter liebe ich den Geruch
von Eukalyptus, die seidene
nahezu ruhige Luft

der große Baum, der alte Europäer
steht dunkel in der Dämmerung
darunter tragen Männer auf den Rücken
leere Plastikflaschen, sternförmig gebündelt
als schulterten sie Kristalle

heute, an einem Samstag der Unruhe
habe ich die Taschen voller Feigen
der Monte Gourougou ein dunkles, erlegtes Tier
der Himmel aus NATO-Draht

Es gibt die Grenze, den Grenzzaun, die Grenzzaunlichter
es gibt eine Möglichkeit, in einem 4-Sterne-Hotel
alles miteinander zu verknüpfen

die See ist ruhig, ruhig die See
oder ist es das Meer, ich sitze hier
und denk mir was, das Wort »Heimat«
vermeidend, und schreib es auf
es ist 2015, Oktober, es ist Bewegung
auf den Kontinenten, die See, die große Trösterin
ist ruhig oder ist es das Meer, das Grab

Nach dem Tag, an dem dreißig über den Zaun kamen
nach der Nacht, in der die Lager
angezündet wurden und es bis ins Badezimmer
nach verbranntem Müll stank, die Linie
verläuft zwischen denen, die Krieg haben
und denen, die ihn betrachten, was hast du
verlassen, wohin warst du aufgebrochen

nach dem Tag, an dem dreißig über den Zaun kamen
fliege ich an einem Sonntag der Ruhe
um zwölf Uhr dreißig in fünfzig Meter Höhe
mit einer Fluchtgeschwindigkeit
die ich bezahlt habe, über den Golfplatz
die Hoffnungsbaracke, die Sonne ballert

das Ende Afrikas, Afrikas Ende
die Reiher mit ihren Reiherhirnen
die Affen mit ihren Affenhirnen
wissen nichts davon, wir sind die Minderheit
die Lebenden, das Ende Afrikas ist da
wo der Anfang Europas ist, dort draußen
auf dem Wasser, in Sichtweite

# 2

Wenn auf ein Leben ein weiteres passt
wenn zwölf Männer urinierend nebeneinanderstehen
wenn zwölf Frauen urinierend nebeneinandersitzen
wenn die Zusammenhänge flöten gehen
wenn die Zusammenhänge keine mehr sind
wenn der Himmel von alleine angeht
wenn ich den Stecker ziehe und das Licht ausgeht
wenn man geheiratet hat, kann man das ein zweites Mal tun
wenn man geliebt hat, hat man geliebt
wenn der Lehrer zu der Klasse sagt: Alle mal herhören!
wenn der Tischler was zum Tischbein sagt
wenn die Zusammenhänge sich im Schlafzimmer treffen und Selbst-
    gedrehte rauchen
wenn die Selbstgedrehten von Zusammenhängen geraucht werden
wenn das Schlafzimmer verraucht ist
wenn das Rauchen keinen Sinn ergibt
wenn man zwei Mal geheiratet hat, kann man das ein drittes Mal tun
wenn die Zusammenhänge wieder vorhanden sind
wenn die zur Erde geneigten Köpfe der Sonnenblumen
wenn ich mit den Augen fotografiere
wenn man Gewalt nicht nur bemerkt

Wenn es kein Italien gäbe
wenn es kein Malta gäbe
wenn es kein Griechenland gäbe
wenn es kein Mittelmeer gäbe
wenn es keine Leichensäcke gäbe
wenn es keine Nachbarländer gäbe
wenn man Gewalt nicht nur androht
wenn das Kapital kein automatisches Dingsbums wäre
wenn aufgeschwemmte Subjekte angespült werden
wenn ich Saft aus Orangen presse
wenn ich geküsst werde
wenn andere Länder die Lieferung von Leichensäcken anbieten
wenn ich das trinke
wenn das mit Wohnungswesen zu tun hat
wenn sich Afrika auszieht
wenn der Kuchenzahn von Europa
wenn etwas scharf kritisiert wird
wenn die Sprache von Gibraltar
wenn die Berberaffen Waffen hätten
wenn unter der Sahara eine Öl-Blase
wenn der Boden des Mittelmeeres sich erheben würde
wenn Afrika hier angekommen ist
wenn zwölf Afrikaner urinierend nebeneinanderstehen
wenn zwölf Afrikanerinnen urinierend nebeneinandersitzen
wenn auf ein Leben ein weiteres passt
wenn der Himmel von alleine angeht
Sonne, Mond und europe
wenn der Putzmann was zur Putzfrau sagt
braucht die freie Gesellschaft eigentlich noch Psychoanalyse?
Entschuldigung, ich habe mich hier verlaufen

Wenn der Raum ein Raum ist
wenn das Meer ein Meer ist
wenn der Mittelmeerraum so heißt, weil ihn einer so genannt hat
wenn alle damit einverstanden sind

wenn der Afrikaner an sich so interessant ist wie der Europäer
und der Europäer so wie der Deutsche
und der Deutsche so wie der Brandenburger
und der Brandenburger so wie ein Verkehrsschild

wenn in Finsterwalde eine Rakete gezündet wird, bleibt es Finster-
    walde
wenn man das Wort »Kapitalismus« ausspricht, ist im Mund viel los
wenn man Kohle hochträgt, trägt man Asche runter
wenn Schuhwerk die Welt verändert

Im Mittelmeerraum ist Mittelmeerboden
im Mittelmeerraum treiben Ertrunkene
die Ertrunkenen werden zu Mittelmeerboden
die Ertrunkenen werden zu Mittelmeerraum
die Ertrunkenen verändern die Geografie
die Ertrunkenen machen das

## Anmerkung

Melilla ist eine 13,4 km² große, spanische 85 000-Einwohner-Exklave, die an Marokko und das Mittelmeer grenzt. Schätzungsweise leben 30 000 Flüchtlinge aus den Subsahara-Regionen in ihrer Nähe, unter anderem auf dem Monte Gourougou. Der Zaun, der Melilla von Afrika trennt, gilt als eine der bestgesicherten Grenzanlagen der Welt und dient als Modell. 2014 versuchten fast 20 000 Menschen auf diesem Weg nach Europa zu gelangen. 2015 gelang es ca. 3000 Menschen, den Zaun zu überwinden.

# II  Das Auge, das sieht

# Es ist nichts passiert

Dieser donnernd-blaue Himmel
dieser sanfte, geschliffene Himmel
irgendetwas sagen, um zu sprechen
aus diesem sanften, geschliffenen Himmel
einen donnernd-blauen machen
es ist nichts passiert, der Igel in der Dämmerung
schnauft wie ein alter Mann, eine alte Frau
ein altes Kind, der Knöterich blühte
dann war er verblüht, das Auge, das sieht
ist immer zu langsam, wieder zieht sich
das Wasser zurück, das Dünengras zittert
die Möwen liegen im Wind, das Meer
spuckt Krebse aus, die Schaukel am Strand
der wohltemperierte Sand, die Hand
die greift, ist immer zu langsam
die selbstvergessene Katze in der Nacht
zusammengerollt unter der Laterne
die leuchtenden Früchte der Heckenrosen
ich stand, aufrecht mit beweglichem Daumen
und Windjacke, das Auge, das sieht
ist immer zu langsam, ich lag, nachdem ich
Frachtschiffe am Horizont sah und Blitze
das Wasser erhellten, unter diesem sanften Himmel
den Kopf in den Bildern, das Auge, das sieht
trieb zu auf den Schlaf, es ist nichts passiert

## Die Iden des März

Die Sonne, die Bäume, die Stämme
ein Bussard, der sich höher schraubte
ich sah ein Reh, dann war es weg
ich sah die Hügel, die Erde

ich ging den Weinlehrpfad
der Pfad war aus Beton
ich sah im Trüblicht Trauben wachsen
ich ging die Hügel rauf und runter

der Himmel war vorhanden und hatte
was ein jeder Himmel hat
in der Ferne die Linie
in der Wärme verschwand sie

das helle Brummen der Bienen
der Boden war ein Eigentum
ich hörte Knospen explodieren
das Geräusch gehörte allen

*für Tom Schulz*

## In den Bergen


Der Morgen kühl, am Dorfrand steht
der Bach auf, die Wiesen schäumen

die Wolken, als brenne das Tal
Regen, Geräusche

der Himmel hält die Erde fest
die Berge, die Tannen, das Holz

auf der Straße führt die Bremsspur
durch eine Katze

der Junge zieht das Kälbchen aus der Kuh
wischt die Hände am Gras ab

## Im Norden / 1


Das dunkle Aquarium, im Wasser
standen die Fische, ein schwaches Funkeln
wir waren ruhig, in der Kälte verharrten
die in den Wind gestellten Pferde, die Siele
froren zu, der Duft, als die Amaryllis
sich öffnete, leise wie Schnee

## Im Norden / 2


Die gefrorenen Erdbeeren im Eisschrank
hinter den Fenstern lag ein Glänzen

über alten zusammengesackten Schnee
schnürte ein Fuchs auf die Gewitterwand zu

in der Bewegung, die in Liebes-Moll
ablief, fasste ich ihre Hüften

## Im Norden / 3

Der flackernde Abend
auf dem Handrücken das flackernde Licht
der Staub verblühter Tulpen

in dem Hof die Violine, die eine Tonleiter
hinaufstottert, verharrt im hohen C
lässt es anschwellen wie einen Lymphknoten

über den heruntergeschnittenen Weiden
ziehen Wolken auf, schäumen
käme einer dagegen, erklänge ein Weltgeräusch

## Dorfkrug

Der Windpark im dunstigen Mittag
ein Feld vertrockneter Sonnenblumen
die Linkskurve, der Baum, an den zwei Kreuze
genagelt, dahinter die Tankstelle, der Dorfkrug
drei Männer bei der Betrachtung von Spirituosen
einem fällt was ein, was ihm gestern schon einfiel
der Bahnübergang, an dem sich morgens und abends
die Schranken senken, der Baumarkt, das Maisfeld

## Regen

Der Staat und ich und die Vögel
Europas auf vier CDs

aus dem Radio des LKWs
*Gott sei Dank ist sie schlank*

die Rehe neben dem Golfplatz
die Bundesstraße fährt herzförmig

am Rand des Festplatzes die Toilettenhäuschen
und eine Stelle zum Kindermachen

lieber Regen, regne nieder
auf alles, was dir lieb, zuwider

die Käfer gingen Richtung Licht
wir gingen in das Innere der Rhododendren

## Standpunkt

Ich stand mit einem Hüftschaden
ich hatte Flamenco getanzt
als Deutscher in Deutschland
neben einem Windflüchter, über dem Auge
wölbte sich der Himmel, die Sonne
brannte auf Birken und Buchen, auf die Kühe
die guten Kühe im Nachmittagswind

ich wanderte mit der Kühltasche ins Wochenende
und stand und sah eine Sandbank
das Wasser ging vor und zurück, als gebe
es eine Empfindung abzuholen, und hörte
das böse Klatschorchester, den Mongoloiden
mit der Katzenfellmütze, der mit dem Präsidenten
der Zwerge eine liegende Acht tanzte

überall um mich herum war dieses Land
Hundestrände, Aktionswochen, Kindersonntage
Erdbeeren zum Selberpflücken, ich stand
auf einer Leiter, eine Pflaume im Mund
und sah über die Felder, auf die Waldnaht
die Störche, auf die deutsche Waldnaht
ich möchte nicht von Schönheit sprechen

## Was wir haben

Immerhin haben wir Schnee, wir haben den Schnee
das Kastaniensterben und Mittelalterfeste

wir haben in der Glasfront eine Wolkenbank
im Wintergarten die schlafenden Schildkröten
in der Sporthalle das Mehrgenerationenorchester
mit der flachen Hand zeigt der Dirigent die Höhe des Tones an

wir haben Fridolin, das interessierte Eichhörnchen
eingelagert in ein fulminantes privates Brummen
schreibt es einen Familienroman im Eichhörnchen-Milieu
über das Ende der besonderen politischen Einheit

wir haben den Kurfürstendamm, in einem Zeltlager
warten über Nacht große Experten
mit großen stinkenden Herzen
auf ein neues Stück Technik

immerhin haben wir Schnee, wir haben den Schnee
die Notdienste, die Nachtapotheke

# Was fehlt

Der Schnee auf den Hügeln bei Kassel
Nebel über den Feldern und Felder

die utopische Stelle und glatte Haut
die vollkommene Stille, das schlafende Meer

der Fehler in der Geranie, ein von sich aus
tobender Garten, der innere Blütenregen

in der Drehung die Frisur
in der Fügung die Figur

in der Ironie die Ironie
in der Beliebigkeit die Beliebigkeit

# Rom

Wo beginnt die Stadt und
wo beginne ich

zu viel Schuld und Pinien
was sind das für Bäume

die Schicht, zu der ich gehöre
läuft auf den anderen

die deutsche Martina lässt sich
auf einem Sockel fotografieren

die Kuppel des Pantheons, wenn es schneit
in die Öffnung, wer räumt den Schnee weg

eine Zikade, als wäre sie elektrisch verstärkt
die Legionäre schützen eine Demonstration

Pinien und Zypressen, Pinien, was sind das
für Bäume, die keine Arme haben

die Dämmerungen brechen herein, dann geht
das Licht, die Schicht, zu der ich gehöre

## Der Leuchtturmwärter spricht

War ich an Land, schlief ich traumlos
hier nahm das kein Ende, ich zog
das Uhrwerk auf, hörte es ticken, reinigte
die Optik, ich sah mich verkehrt
in den Prismen, der Himmel war Meer
das Meer der Himmel, setzte die Dünung ein
schwankte der Turm, dann Stille
dann das nächste Rollen, klopfte mich
der andere wach, konnte er schlafen
wir redeten kaum, es gab nichts zu reden
die Bündel hielten das Wasser unter Beschuss

# III    Die Hände, die ich meine

## Komm nach vorne, da sind mehr Bässe


Als weißer, heterosexueller, dunkle Hemden schätzender
Mann mittleren Alters sage ich frei heraus: Es gibt
keine richtigen Reben im Flachland, manchmal sage ich auch
die Situation muss es hergeben: Mein Marzahn ist dein Spandau

abgesehen davon, finde ich Kaiserpinguine schon ihres Namens
wegen gut, auch das silberne Zittern der Weidenblätter, auch den
Geruch von verbranntem Holz, auch das Wasser, das Meer
die Wolken sind Wolken, jedenfalls keine Wasserspeicher, klar

ich habe ein Alter erreicht, in dem ich mich für Mauersegler
    interessiere
ich weiß, wie viel Männlichkeit in einer Erdumdrehung steckt
ich habe keine Ahnung, was eine männliche Landschaft sein soll
im Frankfurter Kerosinwäldchen blüht der Bärlauch

im Traum wurde mir der Daumen gebrochen
als ich wieder einschlief, der andere
am Morgen fuchtelte ich mit den Händen
ich sah aus dem Fenster, die Schwalben waren zurück

in Edenkoben applaudierten die Blätter des Blauglockenbaums
abends hörte ich ein Streichkonzert und dachte
dass der Komponist das Cello verachtet und
dass es kein richtiges Leben in der Musik gibt

Anno Schnulle zündete ich nachts an der Elbe mit Hilfe
eines Desinfektionsmittels einen Stuhl an, kurz darauf
fuhr ein Frachtschiff vorbei, es sah großartig aus
falls das jemand wissen möchte in Saloniki

ich habe nie an einer Schweinejagd teilgenommen
ich kämpfte mit einer Zwille gegen Cowboys
und alle anderen Falschen dieser Erdkugel
und lud mit Erbsen nach

ich trank die infantilen Biere der Bundesjugendspiele
ging, wenn ich mich drehen sollte, betrachtete Produktion
und Gedächtnisgruppen, ich sah Turnbeutel in Deutschlandfarben
das Freibad im Frühherbst, in ziviler Kleidung schoss das Kraut
    empor

auf den Trinkflächen Mittelberlins wurden die Tage abgefackelt
am Kehlkopf liefen die Getränke vorbei, die Haare standen motiviert
auf den Blutkörperchen ritten kleine Idioten, im Fernsehen
die Galapagos-Inseln und ihre Einzigartigkeit

ich war die Kirsche, spätreif und einfarbig
ich war der Arbeitnehmer unter Schreibdruck und drückte mich aus
ich war der Himmel über den Bruchdörfern
ich war der Kaiser der Nacht

auf der A7 zwischen Neu-Ulm und Ulm sah ich
auf der Innenseite ihres linken Oberarms die fünf Leberflecke
die ein Sternbild sein könnten, die Sonne stieg im Außenspiegel
aus den Mulden hob sich der Nebel

im Traum nagten Ratten an meinen Füßen
ich schreckte auf und schlief wieder ein
die Ratten kamen nicht wieder
am Morgen sah ich nach den Füßen

ich ging ans Fenster, die Schwalben
waren zurück, Gebäudebrüter wie ich
und sie, die langsam erwachte
die Decke nahm, sich neben mich stellte

## Ihre Braue

Ich habe das Thema verfehlt
ich wollte über die Liebe schreiben
ich wollte über ihre Braue, ihre dünne Braue reden
über diese undeutliche Stelle, den Moment
in der mein Gesicht dem ihren entgegenkam
ich habe das Thema verfehlt, ich weiche aus
auf das Rumtata der Sozialkantine, auf den Fetten
im Imbiss, auf Kraftworte und Sicherheitszäune
ich habe das Thema verfehlt, ich wollte über die Liebe
über displaced people, die Liebe, ich habe das Thema
verfehlt, das Gespräch unter einem Liebes-Ast
ist das Reden unter einer Wucherung, ich sehe sie
unter mir und über mir, ich sehe diese flirrende
ich habe das Thema verfehlt
diese aufblendende Stelle

## In der Propellermaschine

Ich sitze hier, die Leere dröhnt
die Erde schiebt sich aus dem Blick

mit den Schamkäfern schlafe ich
eine Krümmung, draußen der Planet

ich wache, Herz, die Stille dröhnt
ich wache und warte, zucke, drifte hindurch

## Die Mitte der Nacht

Die Mitte der Nacht war die Stelle
an der wir trieben, an der das Herz
randalierte, als ob die eine Kammer
die andere verriete, wir lagen, mein Mund
an ihrem Hals, hörten den Raum, Geräusche
unser Doppelherz, Geräusche, unser Doppelherz
dessen Schläge einander näher kamen
wenn wir in den Schlaf gefunden hatten
und ich, der vertrocknete Liebhaber unter
ihrer nach Anmut strebenden Zunge
im Traum mit einem Großkaliber auf eine Wand
auf die immer gleiche Stelle schoss

## Mit Grubenlampe

Wer hat auf meiner Brust
getanzt, wer hat mein Wasser
durchgepflügt, wer hat mein
Fläschchen stehen lassen, wer
hat aus meinem Wutbecher
getrunken, wer hat den Waldrand
angebrüllt, wer hat den Fuchs
gejagt, wer hat die Lilien
in den Müll gedrückt

## Strände

Je öfter ich über sie rede
desto heftiger beben die Strände

die Hände, die ich meine
sind nicht meine

die Liebe war besetzt
ich telefonierte mit der Brandung

je näher ich ihrem Gesicht kam
desto unschärfer wurde meins

ich warf Steine in die Luft
es wurden keine Möwen

## Die Verwertung der Nacht

Ich schlief und erwachte, als das Kehrfahrzeug
die Straße säuberte, ihr bloßer Rücken
in dem hellen Türkis des Morgens, sie lag
wie eine in den Schlaf Gefallene, drei Feigen
in der Küche, kühl von der Nacht, der ölige Duft
des Jasmins, die Agave blühte vor dem Balkon
hinter der Straße erhoben sich die Hügel, das Meer
lag ausgebreitet, eine ruhige Fläche, alles war möglich

## Pierre Fournier spielt Bach

Meine traurige Liebe und ich
mit Kopfhörern, angewurzelt
in der Schönhauser, nach Durchfahrt
der Nachtbusse, mit ausgestreckten Armen
aus den Fingern die Töne abfeuernd

## Neujahr

Der Regen, fast Schnee, meine wagemutige
meine in den Nebel hineingeschraubte Figur
die in ihrer Unschärfe beschützten Tannen
die von Rand zu Rand gespannten Äcker

nur mal angenommen, ich wäre
durch die eingedickte Luft geschwommen
in der die Schreie unsichtbarer Krähen
auf der Zunge zerfielen die Vorsätze

## Die Wucht in den Zellen

Die Kinder werden größer und älter
die Eltern werden kleiner und älter
von meiner Unsterblichkeit überzeugt
sehe ich zu, wie sich mein Körper
verändert, wie die Wucht
in den Zellen, was ich versäumt
was ich verpasst, was verprasst
ich habe Falten gesammelt
ich habe Bergfest gefeiert
Rosen auf dem Küchentisch
die Leidenschaft für Birnensorbet
Rückenschmerzen, erste graue Haare
war's das, geht's so weiter, das Pferd
zu alt, der Reiter reitet weiter
ich werde keine Tanzschule
mehr eröffnen, schade, schade

## Von der Ferne

Ich bin hier nicht auf Schwalbenhöhe
ich denke nur, ich wär's, die nächste Stadt
ist da, wo Licht zum Himmel fährt
der Mais steht hoch, der Wind weht drüber
die Buche zittert laut, ein Auto fährt vorüber
ich bin hier nicht auf Schwalbenhöhe
ich denke nur, ich wär's

das Salz der See liegt in der Luft
der Mais steht hoch und höher noch
das Buchenzittern, in das ich seh
und spür und in dem Zittern steht
der Mais und rauscht auf anderem Gebiet
ich bin hier nicht auf Schwalbenhöhe
ich denke nur, ich wär's

*für Christine*

69

## Die Erschlaffung der Engel

Ich gehe durch das Draußen
die Muster der Erfahrung
in den Spuren eines Rehs

als Pathetiker, von der Schönheit
eines Baumstumpfs überwältigt
geb ich keinen Laut, rühre im Schnee

ich küsse eine Frau, die schönste
die eine, die mehr Frau ist als andere
weil sie die ist, die ich küsse

über die Erschlaffung der Engel
ich kann mich darauf verlassen
weiß ich nichts

# IV   Das Gedicht geht durch einen Körper und grüßt nicht mal

## Wie ein Gedicht entsteht

Du wartest auf den Einfall der Ideen
das erste Bild, du sitzt, du stehst, du liegst
du häkelst eine Gehhilfe, du wartest
auf die Zündung, auf die Veränderung
der Gegenwart, das Festival der Bilder
du hast Welten entwickelt, du hast kein
Interesse an der Teilnahme einer Studie
könntest du's erklären, könntest du's erklären
auch nicht schlecht, du stehst im Schatten
im Licht, im Regen nicht, neben der Magnolie
der Kastanie, in der kulturellen Dynamik
in jedem Blödsinn, in der Verrichtung
der Gesten, was bist du, einer mit Dauerauftrag
vom inneren Ureinwohner, einer, der
sich verklärt, wenn er erklärt, was
er tut, immerhin eine Geschmackssache
das Ganze, eine Sache, die nicht
schmecken muss, wie ein Gedicht entsteht:
Langsam, stolpernd, auf Augenhöhe

## Azurblau

Dieses Gedicht ist fachlich topfit, es besitzt eine Klarheit
von der andere träumen, dieses Gedicht hat alle anderen
Gedichte gelesen und muss sich nicht darum kümmern,
es wird sich nach einem Jahrhundert ausziehen und noch
immer aussehen, dieses Gedicht war schon verkauft
als es noch gar nicht vorhanden war, es trägt eine gelbe Blume
in der Rundung des letzten Buchstabens, es ist die Dattel
auf Nachbars Streuobstwiese, dieses Gedicht braucht
keine Haltung, es kann machen, was es will, es hat
afrikanisches Roulette gespielt und gleichzeitig den Stadtpark
sauber gehalten, wenn es pinkelt, dann gegen den Wind
azurblau, wenn es verlangt wird, kann es auch

# Das Gedicht geht durch einen Körper und grüßt nicht mal

I

Wenn man durch ein Land reist, ist das Land eine Reise wert.
Wenn man eine Siedlung verlässt, erreicht man eine andere.
Wenn man ein Gedicht geschrieben hat, schreibt man ein nächstes.
Wenn das eine Freude ist, ist das eine Freude.
Wenn man ein Bier trinkt, trinkt man ein Bier.
Wenn ich das so weiter mache, mache ich so weiter damit.
Wenn ich einen Wurstsalat esse, esse ich einen Wurstsalat.
Wenn das eine Freude ist, ist das eine Freude.
Wenn man das eigene Leben als Material benutzt, dann ist das so.
Wenn man eine neue Grammatik erfinden möchte, kann man das
    tun.
Wenn man eine neue Wahrnehmung erzeugen möchte, kann man
    das tun.
Wenn man etwas zertrümmern möchte, möchte man etwas
    zertrümmern.
Wenn man etwas tun möchte, möchte man etwas tun.
Wenn man das jetzt so weiter macht, dann macht man so weiter
    damit.
Wenn eine Kartoffel was zur anderen sagt, dann sagt sie: Ich möchte
    nicht gegessen werden. Wenn sie noch was sagen kann, dann kann
    sie sagen: In der Erde war es besser.
Wenn man das so weiter macht, dann macht man so weiter.

Fährt man von der Quelle zu den Leuchttürmen, fährt man nicht von
den Leuchttürmen zur Quelle.

Rede ich über Brackwasser, rede ich nicht über Hochseefischerei.

Rede ich über Algebra, rede ich über etwas, von dem ich nichts
verstehe.

Rede ich über das Wetter, rede ich über das Wetter.

Rede ich über Fotografie, habe ich eine Ahnung davon.

Rede ich über Gedichte, denke ich, ich sollte nicht darüber reden.

Schreibe ich Gedichte, schreibe ich Gedichte.

Fährt man von der Quelle zu den Leuchttürmen, dann macht man das.

Wird man pathetisch, dann muss die Heide brennen.

Wird man leise, wird man leise.

Stellt man sich eine Schreibaufgabe, hat man eine Schreibkrise.

Hat man eine Schreibkrise, sollte man seine Zeit mit anderem ver-
bringen.

Sagt man Krise, sollte ein Land brennen.

Schreibt man ein Gedicht, schreibt man eins.

Schreibt man keins, schreibt man keins.

Sagt man immer wieder man, weiß irgendwann niemand mehr, wer
gemeint ist.

Sagt man immer wieder man, meint man nur sich selbst.

Sagt man immer wieder man, sind alle gemeint.

Sage ich immer wieder wir, sagt irgendwann jemand, ich bin nicht
dein wir, mein Großvater wollte niemals auf eine DGB-Demo
schießen.

Fährt man von der Quelle zu den Leuchttürmen, schwimmen
Lachse mit.

Fährt man von den Leuchttürmen zur Quelle, schwimmen Lachse
mit.

3

Ich weiß, dass Kunst nur die traurige Zusammenballung aller
 Defizite ist.
Ich weiß, dass mir dieser Gedanke sehr logisch erscheint.
Ich weiß, dass ich mit diesem Gedanken Gedichte schreibe.
Ich weiß, dass ich Menschen, die Gedichte schreiben und sich öffent-
 lich über Gedichte im Allgemeinen äußern, merkwürdig finde.
Ich weiß, dass ich haupt- oder nebenberufliche Kritiker von
 Gedichten merkwürdig finde, weil sie eine Vorstellung von dem
 haben, was ein Gedicht sein soll.
Ich habe mal in einem französischen Film eine Strandszene gesehen,
 in der ein Mann einer Frau sagte: »Madame, ich möchte mit Ihrer
 Tochter schlafen. Es soll wie ein Gedicht sein, das ich Ihnen
 widme.«
Ich weiß nicht, was ein Gedicht ist.
Ich weiß, dass jemand, der sich für einen großen oder wichtigen
 Dichter hält, einen Knall hat.
Ich weiß, dass jedes größere Kind ein Gedicht schreiben kann.
Ich weiß, dass Jugendliche Gedichte schreiben.
Ich weiß, dass ich erwachsen bin und immer noch Gedichte schreibe.
Ich weiß, dass jedes Gedicht die Ballung aller Defizite ist.
Ich habe mal geschrieben, dass ich das mit »Bier« betitelte Gedicht
 von Karl Mickel über die Alpen tragen würde, um den Fort-
 bestand dieses Gedichts zu sichern.
Ich weiß, dass ich die Alpen falsch einschätze.
Ich weiß, dass jedes Gedicht traurig ist.
Ich weiß, dass ich keine Traurigkeit über die Alpen tragen möchte.
Ich weiß, dass ich Gedichte schreibe, weil ich Gedichte schreiben
 will.
Ich weiß, dass diese Logik bahnbrechend ist.

4

Das Gedicht grenzt im Westen an die Vereinigten Staaten der
  Zwecklosigkeit.
Das Gedicht grenzt im Osten an eine freiwillige Feuerwehr.
Das Gedicht grenzt im Süden an eine Tüte Bio-Mehl.
Das Gedicht grenzt im Norden an subventionierte Kinderbetreuung.
Das Gedicht grenzt, wenn es Grenzen hat, an seine Selbstgefälligkeit.
Das Gedicht geht durch meinen Körper.
Das Gedicht geht durch meinen Körper und grüßt nicht mal.
Das Gedicht holt sich, was es braucht.
Das Gedicht braucht Jahre, zwei Minuten.
Das Gedicht wird manchmal richtig scheiße.
Das Gedicht wird dann gelöscht.
Das Gedicht ist so klug wie der, der es liest.
Das Gedicht ist so dämlich wie der, der darüber redet, darüber
  schreibt.
Das Gedicht braucht keine Schlaumeierei, keine Milchmädchen-
  rechnung.
Das Gedicht braucht kein Schreiben über das Gedicht.
Das Gedicht will geschrieben werden.
Das Gedicht will nicht geschrieben werden.
Das Gedicht will sagen: Lasst mich in Ruhe, wenn ich fertig bin.
Das Gedicht will sagen: Woher weißt du, was ich will, und warum
  kann ich überhaupt reden.

Ich schreibe, wenn etwas kommt.

Ich schreibe, wenn etwas nicht kommt.

Ich schreibe, wenn etwas ankommt.

Ich schreibe, wenn etwas nicht ankommt.

Ich schreibe, wenn die Defizite.

Ich schreibe, wenn auf einem T-Shirt steht »I'm a muslim, not a bomb«.

Ich schreibe, wenn die Tiefe, die Höhe, das Dazwischen.

Ich schreibe, wenn die Apnoe-Taucher, die Speedclimber.

Ich schreibe, wenn diese verdammten Schmerztiere.

Ich schreibe, wenn diese Verwahrlosung.

Ich schreibe, wenn die Schönheit eines Feldes.

Ich schreibe, wenn das Schweigen, die Stille.

Ich schreibe, wenn die Defizite.

Ich schreibe, wenn das gefrostete Stück Wiese vor einem Familienhaus.

Ich schreibe, wenn die Heide brennt.

Ich schreibe, wenn das Land brennt.

Ich schreibe, wenn die Hochstuhlrocker, die Badewannenwasser-Kapitäne.

Ich schreibe, wenn die Liebe, der Hass, die Leere und so weiter.

Ich schreibe, wenn der von Schnee bedeckte, an der Ampel wartende Hund und seine Ahnungslosigkeit.

Ich schreibe, wenn größere Aufmerksamkeit versprochen wird.

Ich schreibe, wenn Geld geboten wird.

Ich antworte, ich schreibe sie mit den Händen.

Ich antworte, ich lebe zeitweise und teilweise davon und damit und
gut und danke.

Ich antworte, dass ich darauf nicht antworten werde, Sie fragen doch
auch keinen Romanautor, warum er keine Gedichte schreibt.

Ich antworte, dass jedes Hoch- oder Flachhaus mehr Erotik hat.

Ich antworte, dass jedes geschlossene Gewässer mehr von allem hat.

Ich antworte, dass ein Feuerwehrfest mehr Menschen erfreut.

Ich antworte, dass diese Tätigkeit mehr Lächerlichkeit hat als ein
Feuerwehrfest.

Ich antworte, dass diese Tätigkeit mehr Ernsthaftigkeit hat als ein
Feuerwehrfest.

Ich antworte, dass ich etwas mache, was Jugendliche tun.

Ich antworte, dass das eine Fehlschaltung ist.

Ich antworte, dass es ein Handwerk ist.

Ich antworte, ich bin manchmal glücklich dabei.

Ich antworte, ich schreibe sie mit den Händen.

Die Arbeit an diesem Buch wurde durch ein Arbeitsstipendium der Stiftung Preußische Seehandlung Berlin, ein Arbeitsstipendium für Berliner Autorinnen und Autoren der Senatskanzlei für kulturelle Angelegenheiten sowie ein Grenzgänger-Stipendium der Robert Bosch Stiftung gefördert. Die Arbeit an dem Langgedicht »Die Sprache von Gibraltar« wurde von den Goethe-Instituten in Rabat und Madrid unterstützt.

# Inhalt

Björn Kuhligks lyrische Stimme war noch nie so klar wie in diesem neuen Band. In seinem Zentrum steht das Langgedicht, das dem Buch seinen Namen gibt. 2014, als es noch leichtfiel, die strandenden Menschen, die Menschen auf den Booten als Problem der Mittelmeeranrainer zu verdrängen, ließen Björn Kuhligk die Berichte vom berüchtigten Grenzzaun von Melilla nicht mehr los. Er reiste dorthin, um sich ein Bild zu machen und eine Sprache für das zu finden, was er empfand und was er sehen würde. Mit der *Sprache von Gibraltar* meldet sich ein dezidiert politischer Mensch zu Wort und zeigt, was ein Gedicht vermag: Es greift uns an, es ist eine Zumutung, weil es Bilder in uns erzeugt, die wir nicht wegwischen können, es trifft mit seinem rauen Ton ins Mark und duldet doch keine bloß emotionale Reaktion.

Björn Kuhligk wurde 1975 in Berlin geboren, wo er als Buchhändler arbeitet. Nach *Es gibt hier keine Küstenstraßen* (2001), *Am Ende kommen Touristen* (2002), *Großes Kino* (2005) und *Von der Oberfläche der Erde* (2009) erschien bei Hanser Berlin 2013 der Gedichtband *Die Stille zwischen null und eins*.

1 2 3 4 5   20 19 18 17 16

ISBN 978-3-446-25291-2
© Hanser Berlin im Carl Hanser Verlag München 2016
Alle Rechte vorbehalten
Umschlag: Peter-Andreas Hassiepen, München.
© Julian Röder, courtesy Russi Klenner Berlin, *Border fortification Melilla*
Satz im Verlag
Druck und Bindung: Friedrich Pustet, Regensburg
Printed in Germany

MIX
Papier aus verantwor-
tungsvollen Quellen
FSC® C014889